热 狗

图书在版编目（CIP）数据

深海的宝藏 / (法) 凯瑟琳·莫利卡著；(法) 莫德·利埃纳尔绘；戴佳旋译. -- 天津：新蕾出版社，2024.3

（十二个岔路口）

ISBN 978-7-5307-7652-0

Ⅰ. ①深… Ⅱ. ①凯… ②莫… ③戴… Ⅲ. ①智力游戏-儿童读物 Ⅳ. ①G898.2

中国国家版本馆CIP数据核字(2023)第202088号

津图登字：02-2022-216

书　　名：深海的宝藏　SHENHAI DE BAOZANG
出版发行：天津出版传媒集团
　　　　　新蕾出版社
http://www.newbuds.com.cn
地　　址：天津市和平区西康路35号（300051）
出 版 人：马玉秀
版权引进：毕之莹　吕　玥
责任编辑：张　菁
美术编辑：白晓燕
责任印制：沈连群
电　　话：总编办（022）23332422
　　　　　发行部（022）23332351　23332677
传　　真：（022）23332422
经　　销：全国新华书店
印　　刷：天津新华印务有限公司
开　　本：787mm×1092mm　1/16
字　　数：37千字
印　　张：3.5
版　　次：2024年3月第1版　2024年3月第1次印刷
定　　价：30.00元

翻开这本书
你就是主角
你的探险你做主

储藏室

十二个岔路口

深海的宝藏

[法]凯瑟琳·莫利卡/著　[法]莫德·利埃纳尔/绘
戴佳旋/译

天津出版传媒集团
新蕾出版社

本书使用指南

注意！这本书和你之前看过的所有书都不一样。每一次前往哪里探险，将由你来决定。

请按照指示，翻至你要前往的那一页，并进行接下来的探险。一定要按照指示牌上的页码进行阅读，而不是一页一页往后翻哟！

比如： **前往第21页** **的意思是翻到第21页继续阅读。**

在本书中，你完全可以按照自己的想法选择同行伙伴：可以选择一直与雨果和米娅结伴，可以选择一直陪伴着佩佩，可以每一次选择的伙伴都不同，甚至可以重新选择你没有跟随过的人或动物，去解开新的谜题。

解谜小妙招儿

为了更好地完成这场探险，你需要两样工具：纸和笔。

在每一页中，你都会发现一个新的谜题，必须要解开这个谜题，才能继续前进。什么？你担心自己无法解开谜题？不用怕，谜题的参考答案就藏在谜题所在页，将图书旋转180°，你就能看到啦！

注意！

有时候，雨果他们会主动要求你在纸上写下一些信息，不要忘记这样做哟！只有这样做，你才能获得解开最后谜题的线索。

记住这些小妙招儿了吗？准备好开始探险了吗？如果你的答案都是肯定的，那就快前往下一页吧！

雨果和米娅收到了老朋友路易斯安娜·琼斯教授的一封信。这位著名的探险家走遍了世界各地，经常去探索鲜为人知的地方。她总是有许多奇思妙想，所以孩子们一收到她的信，都迫不及待地想知道信里写了什么。

琼斯教授给他们准备了什么惊喜呢？

亲爱的雨果和米娅：

我希望你们一切安好，也希望佩佩依旧调皮可爱。

这次给你们写信，是因为我想邀请你们参加大洋彼岸的一场寻宝活动。我在一个非常美丽又特别的地方！你们想来看看吗？

我在星球博物馆的储藏室里留下了一个小盒子，盒子里面有四个海螺，这些海螺可以帮助你们认识我的几位新朋友：苏菲、希拉、萨卡里和欧阿尼。有了他们的帮助，你们就能找到与我会合的路啦！

你们快点来哟，我等不及要见你们了！

注意，别忘了带上佩佩！

路易斯安娜·琼斯

你想和哪位新朋友一起探险？

和苏菲一起探索海沟

前往第16页

和希拉一起探索地中海

前往第18页

和萨卡里一起探索北极

前往第21页

和欧阿尼一起探索波利尼西亚群岛

前往第25页

当雨果浮出水面时，他发现有一只螃蟹紧紧地钳住了他的脚蹼。希拉告诉他，螃蟹是甲壳动物这个大家族的一员，全世界有6000多种螃蟹呢！

？你能将这些甲壳动物和它们的名字连起来吗？

佩佩在海滩上发现了一个里面塞着纸条的瓶子，这一定也是琼斯教授留下的线索。记下纸条上的内容，后面会用到哟！

面积大约是
7676.2万平方千米

继续探险 前往第33页

参考答案：A—4，B—1，C—2，D—3。

欧阿尼给大家讲述了他最近一次潜水的经历：他近距离观察了一条蝠鲼（fèn），这种鱼又叫“魔鬼鱼”，它的体宽可达7米，重量可达2吨！

蝠鲼的鳍十分有趣，像一对宽大的翅膀。它游泳的时候，就好像在水中飞翔一样。

? 数一数，图中一共有多少条蝠鲼？

认识了神奇的蝠鲼之后，米娅浮出水面，她发现船上还有一些琼斯教授留下的花藤。

在纸上记下这些花藤的颜色和形状，后面会用到哟！

和雨果、米娅一起探险
前往第31页

和佩佩一起探险
前往第20页

参考答案：39条。

雨果、米娅和你陪着萨卡里坐在雪橇上。突然，米娅喊道："看那些鸟，是北极海鹦！它们总是成群结队地聚在一起，一大群有好几百万只呢！"

雨果注意到有一只北极海鹦的身上多了一个小东西，你能找到是哪一只吗？

佩佩踩着一块木板滑到了你们身边，并给你们看了琼斯教授留下的另两个数。

在纸上记下这两个数，后面会用到哟！

继续探险 前往第43页

参考答案：左上角第三只北极海鹦的腿上绑着一根线。

佩佩对发光的水母非常感兴趣。这些水母能够通过发光来吸引猎物，再用触手将猎物统统捕获。

佩佩挥动小爪子，给水母拍了好几张照片。你们看着拍出来的照片，忽然发现有一张照片十分奇怪。这一定是一条新线索。

在纸上记下照片上的内容，后面会用到哟！

你能通过下面的等式，计算出问号处的数字吗？这个数字就是一只水母最多可以拥有的触手数量。

继续探险 前往第36页

参考答案：海星=3，虾=5，水母=16，所以问号处的数字是32。

欧阿尼高兴地向他的新朋友们介绍波利尼西亚群岛。

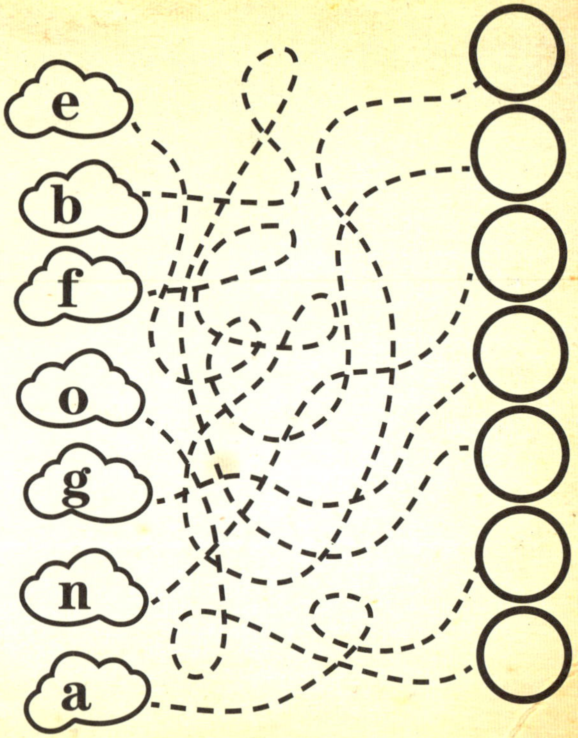

虽然波利尼西亚群岛是个神奇又美丽的地方，但是这里经常受极端天气的影响。

其中有一种天气现象很出名，你知道它叫什么名字吗？

?

请你沿着虚线将拼音字母填到正确的位置，这样你就能得到这种天气现象的拼音啦！

随后，大家在海滩上又发现了一些花藤。在纸上记下这些花藤的颜色和形状，后面会用到哟！

和佩佩一起探险
前往第19页

和雨果、米娅一起探险
前往第27页

参考答案：feng bao（风暴）。

雨果、米娅和你潜入海底探险。你们发现了一艘沉船，上面有一个被锁住的木箱。

？

用哪把钥匙才能打开这个木箱？

形状像是字母“S”

雨果成功地打开了木箱，从中发现了琼斯教授留下的另一张纸条！他叫来佩佩，让它也看看这张纸条。

记下纸条上的内容，后面会用到哟！

继续探险 **前往第23页**

参考答案：5号钥匙。

苏菲告诉你们，她探索过地球上最深的地方——马里亚纳海沟。

它的最大深度真是太惊人了，即使把一座珠穆朗玛峰倒扣进去，也不会有任何部分露出水平面。

你能根据图中路径上的数字和运算符号，计算出马里亚纳海沟的最大深度约是多少吗？（单位是千米）

你们发现有一张照片藏在深度探测器的后面，这肯定又是一条有用的线索。在纸上记下照片上的内容，后面会用到哟！

继续探险 前往第26页

参考答案：4 + 1 − 2 + 5 + 2 − 3 + 1 + 4 − 1 = 11(千米)

欧阿尼一边带着大家在海滩上散步，一边告诉你们：他认识琼斯教授，是琼斯教授嘱托他把这些花藤留给大家的。

教授还给了他一张奇怪的图片，用来破解这些花藤的谜题。你能解开它吗？

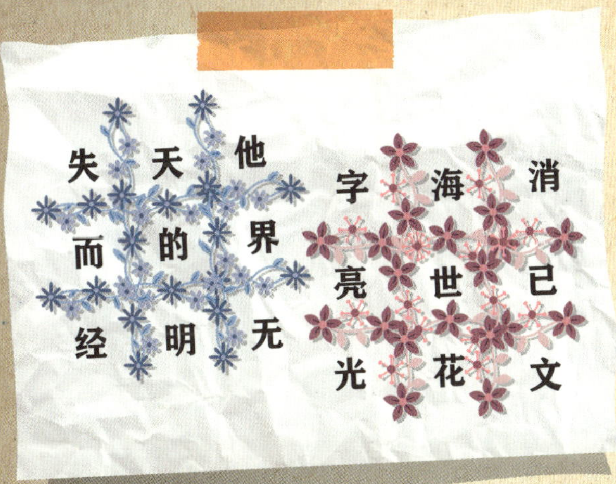

?

仔细观察下面的示例，写出每组花藤对应的字，你就能得到琼斯教授留下的线索了！

示例：

 **= 天**  **= 光**

你已经完成了一场探险，并且找到了一条重要的线索。请小心地保管好这条线索，去解开最后的谜题吧！

接下来你想选择哪条路线去探险呢？

和苏菲一起探索海沟 **前往第16页**

和希拉一起探索地中海 **前往第18页**

和萨卡里一起探索北极 **前往第21页**

如果你已经获得了4条线索 **前往第46页**

参考答案：已消失的文明。

佩佩在海滩上看到了许多鸟。它们当中有一些海鸥，这些有着掌形脚蹼的大海鸟喜欢在海岸线上空自由盘旋。

佩佩跑去和海鸥一起玩，却吓到了它们，鸟纷纷飞走了！

你能告诉佩佩，这些脚印中哪个才是海鸥的脚印吗？

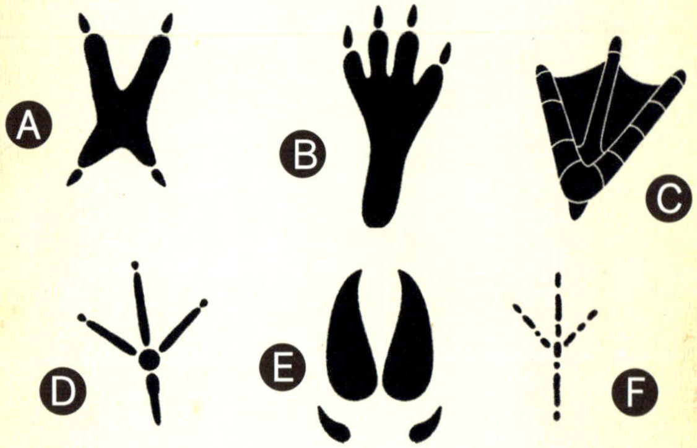

这时，佩佩注意到，你刚刚找到了一个漂流瓶，里面塞着一条新线索。

西面是北美洲和南美洲

记下纸条上的内容，后面会用到哟！

继续探险 **前往第39页**

参考答案：C。

雨果、米娅和你从深潜器里出来，决定潜水前往海滩。你们戴上潜水面镜，穿上脚蹼，还背上了氧气瓶，这些东西可真重啊！

仔细阅读下面的线索，你能在方框中填入正确的数字吗？这个数值就是一个潜水氧气瓶的千克数。

□□□千克

793	有一个数字是正确的，但是摆放的位置是错误的。
287	所有的数字都是错误的。
218	有一个数字是正确的，并且摆放的位置也是正确的。
709	有两个数字是正确的，其中只有一个摆放的位置是正确的。
098	有两个数字是正确的，其中只有一个摆放的位置是正确的。

潜水员穿戴着这么多装备，还能在水中自由地活动，真是太不可思议了！

你们上岸后，只见苏菲和佩佩正在海滩上等你们，还给你们看了一张琼斯教授留下的新照片。在纸上记下照片上的内容，后面会用到哟！

继续探险 前往第30页

参考答案：数值是019，即氧气瓶的重量是19千克。

你选择和苏菲一起探索海沟

雨果、米娅、佩佩和你发现大家身处一艘奇怪的潜水艇里，这种潜水艇叫作深潜器。随后，你们见到了指挥官苏菲，苏菲向你们讲解了深潜器的工作原理。

要想潜入水下，得先往名叫“压载水舱”的密闭舱室里注满海水，让深潜器变得更重。而如果想浮上水面，就要将压载水舱里的水排出去。

？图中的哪一个压载水舱会最先注满水？

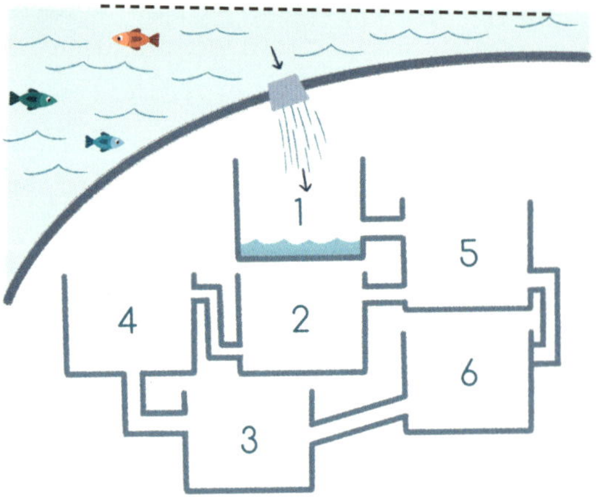

雨果仔细观察着深潜器的内部结构，忽然他注意到了一张照片。这一定是一条线索！

在纸上记下照片上的内容，后面会用到哟！

和佩佩一起探险
前往第42页

和雨果、米娅一起探险
前往第12页

参考答案：2号舱会最先注满水。水会从1号舱流向5号舱，然后从5号舱流向2号舱。因为从2号舱到4号舱的水管是向上的，只有当2号舱先注满水，水才能流经4号舱注满3号舱。6号舱和5号舱之间的水管是堵上的，且3号舱比6号舱要低，所以水无法注满6号舱。

佩佩想玩滑雪板。它找到了一块木板，立马跳到上面，在浮冰上滑了起来。

突然，它看到了一只黑色的鸟，真漂亮啊！这种鸟叫什么名字来着？

你知道这种鸟的名字怎么念吗？帮助佩佩把这两个字的拼音放到正确的位置上。

这种鸟可是捕鱼好手，它可以潜到40米深的水下捉鱼。佩佩看着这只鸟入了迷，只听“啪嚓”一声，它在冰面上摔了个四脚朝天。

佩佩脚下的木板翻了过来，露出了刻在上面的数。

在纸上记下这两个数，后面会用到哟！

继续探险 前往第43页

参考答案：鸬（lú）鹚（cí）。

你选择和希拉一起探索地中海

雨果、米娅、佩佩和你来到了希腊的一片海滩上。

随后，你们认识了希拉，他正在退潮的海滩上捡贻贝。

?

希拉刚刚捡完贻贝回来，他的三个桶装得满满当当的。你知道哪个桶最重、哪个桶最轻吗？

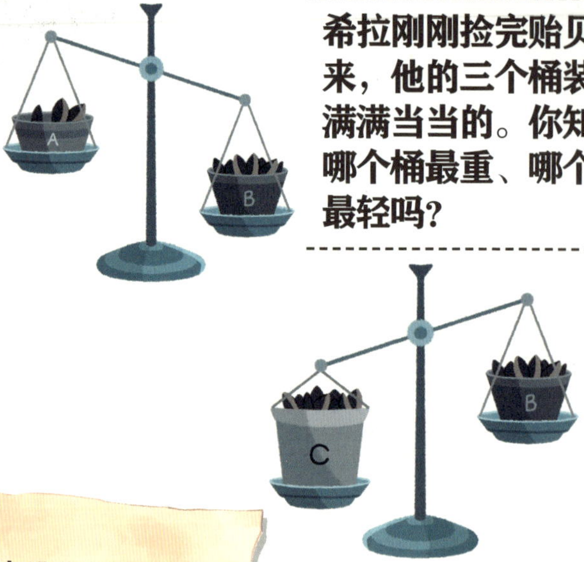

在其中一个桶里，雨果发现了一个小玻璃瓶。瓶里还有张纸条，上面有一小段文字。

地球上的第二大洋

记下纸条上的内容，后面会用到哟！

和佩佩一起探险
前往第14页

和雨果、米娅一起探险
前往第29页

参考答案：B比A重，且比C轻。所以最重的桶是C，最轻的桶是A。

佩佩正在海滩上开心地玩耍。咦，这里怎么有一块石头？仔细一看，这块“石头”还会动呢！原来这不是一块石头，而是一只海龟！

在波利尼西亚群岛，当地居民认为海龟是一种十分神圣的动物，人们都很崇敬它。

你知道吗，只要数一数海龟的壳上有多少条环纹，我们就能知道它的年龄。

你能帮助佩佩找到哪两只海龟的龟壳是完全相同的吗？

你和佩佩跑过去跟雨果他们会合，这时雨果又发现了一些花藤。在纸上记下这些花藤的颜色和形状，后面会用到哟！

继续探险 前往第13页

参考答案：A和D。

佩佩不敢在这里潜水，因为它发现波利尼西亚群岛经常有鲨鱼出没。

有两种鲨鱼的名字来源于我们日常生活中的工具，你知道是哪两种吗？帮助佩佩，在图中找到它们的名字对应的工具。

这时，佩佩发现浮桥边上放着一些新的彩色花藤，于是赶快叫来了你。

在纸上记下这些花藤的颜色和形状，后面会用到哟！

继续探险 **前往第10页**

参考答案：C（锤头）和E（锯子），分别对应的是锤头鲨和锯鲨。

你选择和萨卡里一起探索北极

雨果、米娅、佩佩和你来到了白雪皑皑的北极。你们认识了年轻女孩萨卡里和她养的三只雪橇犬——里可、斯巴奇和哈米。

?

仔细阅读右边的提示，你能告诉雨果、米娅和佩佩，这三只雪橇犬哪只最大、哪只最小吗？

里可比斯巴奇小。

斯巴奇比哈米大。

除了哈米，所有的狗都有白色的爪子。

最小的狗没有白色的爪子。

在观察雪橇时，雨果注意到雪橇上刻着两个数字，这或许是一条线索。

在纸上记下这两个数，后面会用到哟！

和佩佩一起探险
前往第17页

和雨果、米娅一起探险
前往第8页

参考答案：哈米没有白色的爪子，所以它是最小的。里可比斯巴奇小，所以它不是最大的。因此，斯巴奇是最大的。

佩佩四处转了转，走近了海滩上的一群“企鹅”。这群“企鹅”非常小巧，只有约50厘米高。但是这些“企鹅”和它们身处南极的“亲戚”不一样——它们可以飞行。

这群“企鹅”当中有一只迷路的南极企鹅，你能找到它吗？

佩佩注意到雪地上有一块红色的木板。肯定是琼斯教授猜到佩佩会来看“企鹅”，于是留下了线索。它赶快把木板叼起来，跑来给你看。

别忘了在纸上记下木板上的数，后面会用到哟！

继续探险 前往第38页

参考答案：南极企鹅在图中右侧，是从右上角往下数的第三只。

大家一起回到了船上。返航的时候，你们遇到了海豚。

这种生活在海洋里的哺乳动物借助灵敏的声呐系统来发现障碍物或者猎物，就像蝙蝠一样。海豚是人类的好朋友，它们对人类十分友好。

你能把图中的动物按体形从大到小排序吗？

与地中海相连

希拉用他的抄网捞到了一个瓶子，瓶子里有一张纸条。记下纸条上的内容，后面会用到哟！

和佩佩一起探险 前往第44页

和雨果、米娅一起探险 前往第6页

参考答案：D、B、A、C。蓝鲸的平均体长为25米，海豚可达4米，海豹可达2米，潜水员是最小的！

佩佩、萨卡里和你坐同一条小船。当他们在平稳的海面上划船时，佩佩看到一头弓头鲸正在用尾巴拍打着水面。

这头长18米、重100吨的弓头鲸和它的孩子走散了。你能告诉它正确的路线，帮它找到孩子吗？

忽然，你发现船内的木板上也刻着一个数，于是赶快叫来了佩佩。在纸上记下这个数，后面会用到哟！

继续探险 **前往第35页**

参考答案：

你选择和欧阿尼一起探索波利尼西亚群岛

伴着一股温暖的旋风，雨果、米娅、佩佩和你来到了一片风光秀丽的海滩。你们认识了欧阿尼，欧阿尼告诉你们，这片富饶的群岛包括118个岛，海域中遍布着珊瑚礁。如果没有这些珊瑚礁遏制海潮，海浪的高度将是现在的两倍。

？你能帮助米娅完成这幅描绘波利尼西亚海底的拼图吗？

大家发现沙地上摆放着一些花藤。在纸上记下这些花藤的颜色和形状，后面会用到哟！

和佩佩一起探险
前往第28页

和雨果、米娅一起探险
前往第37页

参考答案：A—2，B—4，C—6。

在深海中可以遇到一些独特的动物，章鱼就是其中之一。你知道吗，章鱼其实有9个大脑，除了头部的1个中枢脑以外，它们的8条触腕上还各有1个副脑。

为了保护自己不受捕食者袭击，这种高度进化的软体动物会喷出墨汁，并躲进岩石缝里。大家乘坐的深潜器一靠近，章鱼就跑开了。

快看，有一张新照片贴在了舷窗上！这可能是帮助你们找到琼斯教授的另一条线索。在纸上记下照片上的内容，后面会用到哟！

和佩佩一起探险
前往第9页

和雨果、米娅一起探险
前往第45页

参考答案：路线B。

欧阿尼告诉你们：有一次他出海的时候，有幸看到了一头座头鲸。那次经历可真让人难忘！

座头鲸是海洋哺乳动物中的“巨人”，它每年不远万里游到波利尼西亚群岛，就是为了产下幼崽。

图中这些动作中，哪一个是座头鲸无法做出的？

佩佩和大家会合了。这时，雨果又注意到了一些花藤，它们被摆放成了奇怪的形状。

在纸上记下这些花藤的颜色和形状，后面会用到哟！

继续探险 前往第13页

参考答案：4。

海水很清澈，佩佩勇敢地跳进去潜水。欧阿尼告诉它，鱼并不是太平洋里唯一的“居民”，还有一种生物生活在太平洋里。

?

你知道这种生物是什么吗？把右图中的点连成线，你就能画出它的形状啦！

忽然，佩佩听到你在叫它。没错，你又发现了一些彩色的花藤。你可以在纸上把这些花藤画下来，别忘了记下它们的颜色和形状，后面会用到哟！

继续探险 前往第7页

参考答案：珊瑚。

当雨果、米娅和你在退潮的海滩上散步时，你们见到了寄居蟹。

这种小型甲壳动物是一个名副其实的“贝壳小偷儿”：随着它的个头儿不断长大，它会寻找更适合它的贝壳来寄居，甚至还会从其他动物那里偷贝壳！

?

寄居蟹应该选择哪条路线，才能避开所有障碍，安全地到达海边呢？

在观察寄居蟹的过程中，米娅注意到沙子里有一个漂流瓶。这是一个藏着新线索的瓶子！

在纸上记下纸条上的内容，后面会用到哟！

西面是北美洲和南美洲

继续探险 前往第39页

参考答案：路线4。

雨果、米娅、佩佩和你把大家发现的照片按照得到的先后顺序摆了出来。每张照片上似乎都有一个字，但都不像是大家认识的字，它们究竟是什么意思呢？

苏菲坚信，这些照片肯定都是琼斯教授拍摄的，目的就是给大家留下线索。她还提示大家，这些照片上的字是从镜子里映出来的。

根据苏菲的提示，你能解开照片里的谜题，发现琼斯教授留下的线索吗？

你已经完成了一场探险，并且找到了一条重要的线索。请小心地保管好这条线索，去解开最后的谜题吧！

接下来你想选择哪条路线去探险呢？

和希拉一起探索地中海 **前往第18页**

和萨卡里一起探索北极 **前往第21页**

和欧阿尼一起探索波利尼西亚群岛 **前往第25页**

如果你已经获得了4条线索 **前往第46页**

参考答案：被淹没的城市。

雨果、米娅和你跟着欧阿尼游到了一片珍珠贝养殖场。通过养殖珍珠贝，人们就可以“培育”出美丽的珍珠了。

你们在养殖场里发现了许多绳子，每根绳子上都挂着10到20只珍珠贝，这是因为人们会把不同年龄的珍珠贝分开饲养。

?

请你在入口和出口之间画出一条正确的路线，使得经过的所有格子上的珍珠总共是20颗。

佩佩兴奋地跑来找你们，它又找到了一些新的花藤！在纸上记下这些花藤的颜色和形状，后面会用到哟！

继续探险 **前往第10页**

参考答案：先走到2颗珍珠的格子，然后向右走到4颗珍珠的格子，接着向右走到5颗珍珠的格子，随后向下走到1颗珍珠的格子，再向左走到3颗珍珠的格子，接着向下走到3颗珍珠的格子，最后向右走到2颗珍珠的格子，到达出口。

雨果、米娅、萨卡里和你在一起，你们看到了一只正在捉鱼的北极熊。

你能将左边的动物和它们最喜欢的食物连起来吗？

Ⓐ 北极熊

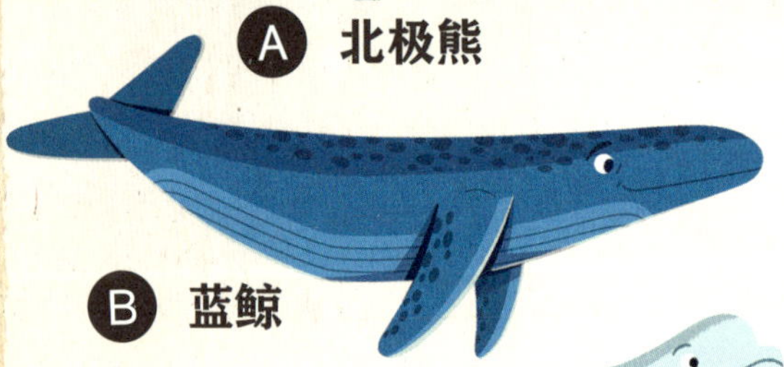

Ⓑ 蓝鲸

Ⓒ 白鲸

① 磷虾（一种小型甲壳类动物）

② 章鱼

③ 鲑鱼

佩佩高兴地跑过来跟你们会合，还带回了一块刻着新线索的木板。在纸上记下木板上的数字，后面会用到哟！

继续探险 前往第38页

参考答案：A—3，B—1，C—2。

雨果、米娅、佩佩和你在海滩上会合，一起研究你们沿途发现的纸条。

希拉非常了解琼斯教授，他提示大家：这些纸条上的内容描述的都是同一个地理区域。

？ 你能根据纸条上的信息和希拉的提示，猜出琼斯教授留下的信息是什么吗？

地球上的第二大洋

西面是北美洲和南美洲

东面是欧洲和非洲

形状像是字母“S”

与地中海相连

面积大约是7676.2万平方千米

你已经完成了一场探险，并且找到了一条重要的线索。请小心地保管好这条线索，去解开最后的谜题吧！

接下来你想选择哪条路线去探险呢？

和苏菲一起探索海沟 前往第16页

和萨卡里一起探索北极 前往第21页

和欧阿尼一起探索波利尼西亚群岛 前往第25页

如果你已经获得了4条线索 前往第46页

参考答案：大西洋。

你和佩佩决定和希拉一起探索海底。你们在水下见到了好多鱼，其中有一种非常奇特的鱼吸引了佩佩的注意。

这种鱼体形非常小，只有15厘米长，而且是垂直移动的！它们游动起来非常灵活，卷起来的尾巴就像锚一样，可以让它们在游动时保持垂直的姿势。

你知道这种鱼叫什么名字吗？把右图中的点连成线，你就能画出它的形状啦！

雨果正在不远处向你们招手。他在一个箱子里发现了一条新线索。

记下纸条上的内容，后面会用到哟！

形状像是字母“S”

继续探险 前往第23页

参考答案：海马。

上岸后，雨果、米娅、佩佩和你开始研究你们一路上得到的线索。这些数字要表达什么呢？

这时，萨卡里告诉你们，她见过琼斯教授。萨卡里还给了你们一份琼斯教授的文件，这应该能帮大家解开谜题。

?

你能帮助雨果、米娅和佩佩解开这些数字的谜题吗？

你找出这场北极探险中最关键的线索了吗？太棒啦！这条线索将会帮助你解开最后的谜题。

1	2	3	4	5	6	7
A	B	C	D	E	F	G
8	9	10	11	12	13	14
H	I	J	K	L	M	N
15	16	17	18	19	20	21
O	P	Q	R	S	T	U
22	23	24	25	26		
V	W	X	Y	Z		

你已经完成了一场探险，并且找到了一条重要的线索。请小心地保管好这条线索，去解开最后的谜题吧！

接下来你想选择哪条路线去探险呢？

和苏菲一起探索海沟 前往第16页

和希拉一起探索地中海 前往第18页

和欧阿尼一起探索波利尼西亚群岛 前往第25页

如果你已经获得了4条线索 前往第46页

参考答案：JIAN ZHU WU（建筑物）。

苏菲让雨果、米娅、佩佩和你望向黑暗中的光亮处，并给你们讲解道：这是一种通过发光来捕猎的鱼，它的学名是鮟(ān)鱇(kāng)，因为它会发光，所以它还有一个形象的俗称。

深潜器慢慢靠近这种鱼，大家才看清了它的真面目：它长得非常丑陋，有一张长满牙齿的大嘴，头上还顶着一个滑稽的东西。

____鱼

提示：

一个南瓜两头儿空，
肚里开花放光明。
有瓜没叶高高挂，
照得面前一片红。

?

你知道鮟鱇的俗称是什么吗？猜一猜右边提示的谜语，把谜底写在横线处，你就知道答案啦！

米娅拿出笔记本，想把这种鱼画下来。突然，她的笔记本里掉出了一张新的照片。难道这又是一条新线索吗？在纸上记下照片上的内容，后面会用到哟！

和佩佩一起探险
前往第41页

和雨果、米娅一起探险
前往第15页

参考答案：灯笼鱼。

欧阿尼带着你们一起去寻找生活在波利尼西亚群岛沿海的鱼。其中许多鱼都有着十分有趣的名字。

你能将每条鱼和它的名字连起来吗？

小丑鱼 ①

粉蓝倒吊鱼 ②

管口鱼 ③

鹦鹉鱼 ④

箱鲀（tún） ⑤

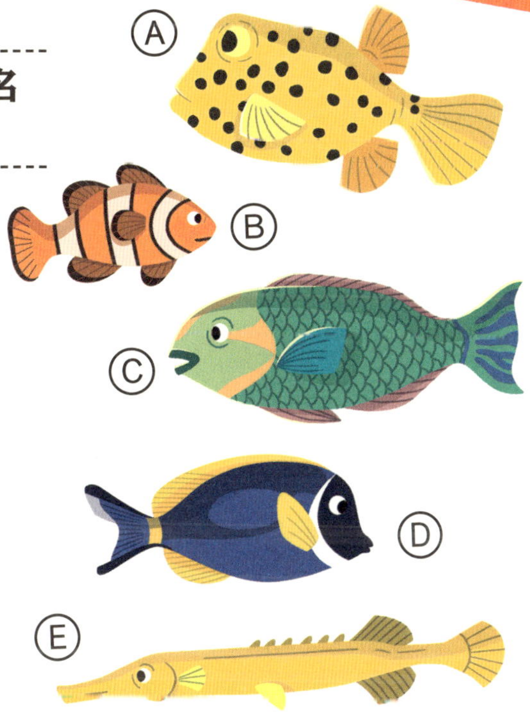

雨果又发现了一些花藤。在纸上记下这些花藤的颜色和形状，后面会用到哟！

继续探险 前往第7页

参考答案：1—B，2—D，3—E，4—C，5—A。

萨卡里带着她的新朋友们来到了她和爸爸捕鱼的小船旁边。有一头一角鲸正在慢慢靠近他们，并把头伸出了水面。

?

你知道一角鲸又叫什么吗？写出这些成语中缺少的字，可能会给你提示哟！

（　）一无二

凤毛麟（　）

蚕食（　）吞

大家发现萨卡里的船上刻着一个数字。这一定是线索！

在纸上记下这个数字，后面会用到哟！

和佩佩一起探险
前往第24页

和雨果、米娅一起探险
前往第40页

参考答案：独角鲸。

现在正是沙丁鱼迁徙洄游的时期，希拉打算带大家一起乘船出海。

？ 有三条沙丁鱼排成一排游动着。仔细看下面的提示，你能告诉大家它们谁在最前面、谁在中间、谁在最后吗？

卡琳娜在桑德琳娜的前面。

波利娜在卡琳娜的后面。

桑德琳娜在波利娜的前面。

雨果又发现了一张纸条，上面是琼斯教授留下的一条新线索。记下纸条上的内容，后面会用到哟！

东面是
欧洲和非洲

和佩佩一起探险
前往第34页

和雨果、米娅一起探险
前往第11页

参考答案：从左到右分别是波利娜、桑德琳娜、卡琳娜。

在距离佩佩和萨卡里不远的地方，雨果、米娅和你正驾驶着一艘小船。你们看到一头巨大的海洋生物正在缓缓地靠近你们。“这是一头白鲸！”雨果惊叹道，“它还有个美丽的名字，叫海金丝雀。”

?

图中的哪个影子才是白鲸的影子？

米娅注意到船的内侧也刻着一个数。她赶快招呼你，想让你来看看她的新发现。

在纸上记下这个数，后面会用到哟！

继续探险 前往第35页

参考答案：4。

深潜器在海滩附近浮出了水面。佩佩立刻跳入水中，想潜水游到岸边。

苏菲借给佩佩一副潜水面镜和一根呼吸管。戴上它们还可以吐泡泡，真好玩儿！不过即使穿戴了潜水装备，佩佩也只能下潜到一到两米的深度。

在浮潜运动中，哪些装备是用不上的？

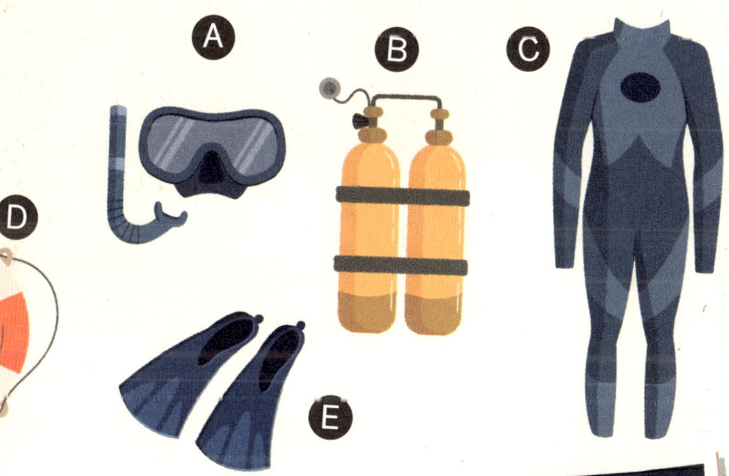

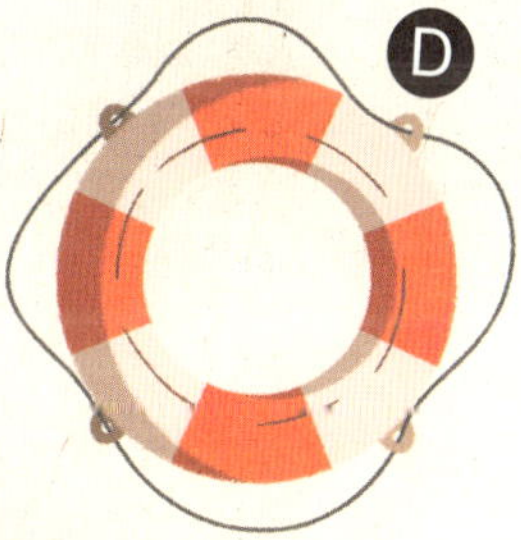

等佩佩游到岸边，你和苏菲也到了。苏菲给你们看了一张与琼斯教授有关的新照片。

在纸上记下照片上的内容，后面会用到哟！

继续探险 前往第30页

参考答案：B（氧气瓶）和D（救生圈）。浮潜时我们是不需要氧气瓶的，因为我们可以使用呼吸管。

佩佩对海底的海沟非常感兴趣。我们常常想当然地认为海底很冷，但事实并非如此，海底有时候非常热。

深潜器上的温度计显示，这里的温度是339摄氏度。这是因为海沟里的岩浆加热了海水，也正是因为岩浆带来的高温，许多生命才得以在这么深的海底繁衍。

你知道海底的岩浆是从哪里来的吗？右边的图画会给你提示哟！

你们发现温度计的背后藏着一张照片，这又是一条值得记录的线索。在纸上记下照片上的内容，后面会用到哟！

继续探险 前往第26页

参考答案：火山。

大家一边坐在雪橇上旅行，一边赞叹着北极壮美的冰山风光。萨卡里告诉你们，现在大家看到的冰山只是它的十分之一，剩下十分之九的部分都在水下。

突然，佩佩叫起来，提醒大家注意远处的动物。

?

仔细观察右图，你知道第三块浮冰上有几只海象和几只海雀吗？注意：每块浮冰上动物的总数是相等的。

雪地上有一块刻着数的木板。或许这也是琼斯教授留下的线索。

在纸上记下木板上的数，后面会用到哟！

和佩佩一起探险
前往第22页

和雨果、米娅一起探险
前往第32页

参考答案：2只海象和4只海雀。

在探索了一番海底之后，佩佩很高兴能回到地面上。它在沙滩上蹦蹦跳跳，凭借灵敏的嗅觉到处“寻宝”。快看！这里有一个漂亮的贝壳，要是送给米娅当礼物，她肯定会喜欢。

？ 你能帮助佩佩找到藏在沙滩上的4个贝壳吗？

面积大约是
7676.2万平方千米

在沙地里刨坑的时候，佩佩还发现了一个里面塞着纸条的瓶子。记下纸条上的内容，后面会用到哟！

继续探险 前往第33页

参考答案：第一个在右边的圆形石头中间，第二个在沙堡上，第三个在毛巾上，第四个在蓝色的桶里。

苏菲告诉你们，章鱼身上像是触手的部位其实不是触手，而是它的触腕，也就是章鱼的胳膊。

你们发现，章鱼全身都布满了吸盘。但是对于有触手的生物来说，它们的吸盘只生长在触手的末梢。

你能根据轮盘上数字的规律，帮助雨果和米娅计算出问号处的数字吗？这个数字就是一只章鱼最多可以拥有的吸盘数量。

雨果抓紧时间，给章鱼拍了一些照片。大家翻看照片时，发现其中有一张照片格外引人注目，这一定是一条新线索。在纸上记下照片上的内容，后面会用到哟！

继续探险 **前往第36页**

参考答案：140 + 60 = 200。

恭喜你！

如果你来到了这个页面，就说明你已经集齐了4条关键线索啦！

借助第17页、第34页、第37页和第39页的线索，你一定可以补全琼斯教授留下的这封信。

你能把4个词或短语都放在正确的位置吗？

我发现了一个被认为__________。这是一座__________，据说它位于地中海之外的__________中，你们一定要好好欣赏这里考究的__________！

参考答案：我发现了一个被认为已消失的文明。这是一座被淹没的城市，据说它位于地中海之外的大西洋中，你们一定要好好欣赏这里考究的建筑物！

现在，你已经集齐了琼斯教授留下的所有线索。你能指出她在什么地方吗？

亚特兰蒂斯

庞贝

巴比伦

黄金国

前往下一页

答案揭晓!

正是亚特兰蒂斯!

为了找到琼斯教授，你跟雨果、米娅和佩佩一起走遍了几乎大半个世界的海洋。琼斯教授迫不及待地想让你们找到这座神奇的城市。

?

爱开玩笑的琼斯教授在旅途中藏了5只小鸭子，你能在前面的书页中找到它们吗？

参考答案：小鸭子分别在第12页、第21页、第29页、第38页和第44页。

探险结束

雨果、米娅和佩佩回到了星球博物馆。这场探险让他们交到了很多朋友，收获了许多“宝贝”。

这些“宝贝”分别被放在了储藏室的哪里呢？

小提示：如果找不到，你可以去看看雨果他们出发前的储藏室。那时的储藏室和现在的相比，都有哪些不同？

储藏室

热 狗
77

你都找到了吗?

储藏室

储藏室